글·그림 카타리나 소브럴

포르투갈 코임브라에서 태어나 대학에서 그래픽 디자인과 일러스트레이션을 전공했습니다. 그림책 작업을 하며 볼로냐 국제아동도서전 일러스트레이션 최우수상, 화이트 레이븐상, 포르투갈 국립일러스트레이션상, 상하이 국제아동도서전 황금바람개비상 등을 수상했습니다. 한국에 소개된 책으로 『안녕하세요』, 『퉤퉤퉤, 행운을 빌어!』, 『정말 바쁜 우리 할아버지』 등이 있습니다.

 "이 책을 쓸 때 누구도 소외되지 않도록 중립적인 언어를 사용하려고 노력했습니다."

옮김 김여진

서울의 초등학교에서 아이들을 가르치며 '좋아서하는어린이책연구회' 운영진으로 매달 어린이책 애호가들과 깊이 교류하고 있습니다. 『어서 오세요, 남산 호텔로!』, 『학교 가기 전날』, 『소녀들에게는 사생활이 필요해』, 『그림책 한 문장 따라 쓰기 100』, 『정리하는 어린이』를 썼고, 『안녕, 미래의 국회의원!』, 『나는 ( ) 사람이에요』, 『달팽이 헨리』, 『선생님을 만나서』 등 70여 권을 번역했습니다. 창작이 일상을 지탱하는 힘이라고 믿으며 삽니다. @zorba_the_green

감수 신주영

서울대학교 법대를 졸업하고 변호사가 되었습니다. 법무법인 대화에 소속되어 활동하면서 어린이와 청소년을 위한 법 관련 도서를 다수 집필하였습니다. 지은 책으로 『세빈아, 오늘은 어떤 법을 만났니?』, 『우리가 꼭 알아야 할 법 이야기』, 『질문하는 법 사전』 등이 있고, 변호사 10년 차에 쓴 법정 에세이 『법정의 고수』 중 일부가 드라마 <이상한 변호사 우영우>의 에피소드로 사용되기도 했습니다.

봄날 지식그림책 02

처음 만나는 민주주의
반가워! 우리들의 약속, 법

초판 1쇄 인쇄 2025년 10월 13일 **초판 1쇄 발행** 2025년 10월 27일

글·그림 카타리나 소브럴 **옮김** 김여진 **감수** 신주영
펴낸이 박지예 **편집** 차정민, 박지예 **디자인** 김세희 **펴낸곳** 봄날의곰 **출판등록** 2022년 9월 6일 제 2022-000047호
주소 서울시 강동구 구천면로 365-13 **전화** 02-6052-2545 **팩스** 0504-220-2545 **전자우편** bomnaregom.books@gmail.com
블로그 blog.naver.com/bomnaregombooks **인스타그램** @bomnaregom.books
ISBN 979-11-93912-12-6 77870

FANTASMAS, BANANAS E AVESTRUZES
First published in Portugal by Edições Assembleia da República integrated in
the series Mission: Democracy (volume 4: Law)
©2024 Edições Assembleia da República
©2024 Catarina Sobral
All rights reserved.
Korean translation copyright ©2025 Bomnaregom Books.
This Korean edition was published by arrangement with Birds of a Feather Agency,
Portugal through The ChoiceMaker Korea Co.

이 책의 한국어판 저작권은 초이스메이커코리아를 통해 저작권사와의 독점 계약으로 봄날의곰에 있습니다.
저작권법에 의해 한국 내에서 보호를 받는 저작물이므로 무단전재와 복제를 금합니다.
이 책 내용의 일부 혹은 전부를 사용하려면 반드시 저작권사와 출판사 양측의 서면 동의를 받아야 합니다.

 이 책은 포르투갈 DGLAB의 그림책 출판 지원 프로그램의 도움을 받아 제작하였습니다.

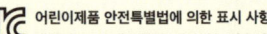 어린이제품 안전특별법에 의한 표시 사항
제품명: 도서 **제조국명**: 대한민국 **사용연령**: 3세 이상 **주의**: 책 모서리에 찍히거나 책장에 베이지 않게 조심하세요.

처음 만나는 민주주의

반가워!
우리들의
약속, 법

카타리나 소브럴 글·그림 | 김여진 옮김 | 신주영 감수

봄날의곰
Bomnaregom Books

보이지 않는 거야. 손으로 만질 수도 없고 목소리도 들리지 않아.
하지만 분명히 우리 곁에 있어. 매일 우리에게 말을 걸거든.

어때? 보이지 않아도 무언가 있다는 게 느껴지니?

사람들은 서로 다투지 않고
사이좋게 살아가려고
이 약속을 만들었어.

누구든 규칙을 만들 수 있어.

채식 레스토랑

"보물 상자 먼저 찾는 사람이 우승!"

하지만 법은 많은 사람의
고민이 더해지고
오래 토론을 한 끝에 만들어져.
여러 단계를 거쳐서 말이야.

무엇보다도, 법은 누구에게나 똑같이 적용돼.

예를 들어 볼까?
법은 남자든, 여자든, 피부색이 다르든,
쓰는 언어나 믿는 종교가 다르든 모두에게 똑같이 적용돼.
또한 사회적 지위나 학력 수준이 높든, 낮든, 나와 생각이 다르거나,
좋아하는 사람의 성별이 다르든 법은 모두에게 공평해.

이렇게 특히 중요한 약속들을 모두 적어 놓은 책을 헌법이라고 불러.
법 중에서 가장 우선이 되는 법이지!

하지만 모든 사회에서 법이 똑같지는 않아.
늘 공평하지도 않아.

오래전 어떤 나라에서는
'백인만 앉을 수 있는 자리'를 지정한 법이 시행되기도 했어.
사람들은 이런 불공평한 법을 없애려고 노력했지.

기원전 2천 년경,
최초의 법이 만들어진 이후로
세계 곳곳에서
여러 법이 만들어졌어.

터무니없는 법……,

*"여성은 공공장소에서 그렇게 행동해서는 안 됩니다!"

엉터리 법……,

물론, 합리적인 법들도 만들어졌어.

하지만 모두가 법에
동의하는 건 아니야.

그래서 사람들은 자기 생각을 목소리 높여 전하기도 해.

아주 사소한 일을 위한 법도 있고,

예민한 문제를 다루는 법도 있어.

난 여자아이가 아니라고요.

어떤 법은 만들어지기까지 아주 오랜 시간이 걸리기도 해.
너무 복잡해서 똑똑한 전문가들 수백 명이 모여
머리를 맞대고 고민할 때도 있어.

어떤 법이든 많은 사람들의 손을
거치고, 여러 차례 토론을 해야 해.
모두에게 필요한지, 특별한 경우에만
필요한지도 따져 봐야지.
그리고 투표로 의견을 물어야 해.

넌 찬성하니, 반대하니?

세상이 변하면서 '정의로움'에 대한 생각도 달라져.
그래서 새 법이 생기고 오래된 법이 바뀌기도 해. 그건 자연스러운 일이야.

어쨌든, 모든 변화는 이루어 내기 전에 충분히 머릿속에서 궁리해 봐야 해.

법은 어떻게 만들어질까?

법을 만드는 과정은 마치 재미있는 게임 같아. 우리들의 '아이디어'가 모여서 시작되지. 우리가 뽑은 정치인들의 생각일 수도 있고, 우리 모두의 생각일 수도 있어.
게임처럼 여러 단계를 거치고, 점수를 따야 다음 레벨로 올라갈 수 있지. (그게 바로 '투표'야!)
때로는 게임에 지기도 하고, 실망할 때도 있지만 괜찮아. 법이 되려면 많은 사람들이 함께 이야기 나누는 게 가장 중요하거든. 종종 예외도 있겠지만 게임의 규칙은 다음과 같아.

Q&A: 법에 대해 더 알아볼까요?

법은 무엇인가요?

법은 국민이 모두 함께 지키기로 약속한 규칙이에요. 사회를 질서 있고 안전하게 만들고, 사람들이 서로 평화롭게 지낼 수 있도록 도와주는 아주 중요한 약속입니다. 법이 없다면 마치 신호등 없는 도로처럼 우리 삶이 복잡하고 위험해질 거예요. 그래서 법은 우리가 자유롭게 생활하면서도 서로에게 피해를 주지 않도록 도와주는 울타리와 같아요. 법 덕분에 우리는 더 안전하고 행복한 사회에서 살아갈 수 있답니다.

법이 꼭 필요한가요?

네, 법은 우리 사회에 꼭 필요한 약속이에요. 만약 법이 없다면, 사람들은 자기 마음대로 행동해서 서로 다투고 힘든 일이 많이 생길 수 있어요. 마치 운동 경기에 규칙이 없으면 모두가 혼란스러워하는 것과 같아요. 법은 우리 모두의 권리를 지켜주고, 약한 사람들을 보호하며, 사회가 공정하게 돌아가도록 돕는답니다. 그래서 법 덕분에 우리는 서로 믿고 의지하며 안전하게 생활할 수 있어요. 법은 모든 국민이 행복하게 함께 살아갈 수 있는 든든한 바탕이 되어 줍니다.

법은 누가 만들었나요?

법은 국민을 대표하는 국회의원들이 만들어요. 국회의원은 국민이 직접 투표해서 뽑아요. 국회의원들은 국회라는 곳에 모여서, 어떤 법이 우리 사회에 필요한지 깊이 생각하고 토론해요. 국민의 의견을 듣고, 복잡한 과정을 거쳐 새로운 법을 만들거나 오래된 법을 바꾸기도 한답니다. 이렇게 만들어진 법은 국민이 모두 지켜야 할 중요한 약속이 되는 거예요.

법은 왜 자꾸 바뀌나요?

법은 우리 사회가 계속 변하고 발전하기 때문에 자꾸 바뀌는 거예요. 옛날에는 없던 새로운 문제들이 생기기도 하고, 사람들의 생각이나 가치관도 시간이 지나면서 달라지기 때문이죠. 불과 몇십 년 전만 해도 같은 성 씨의 같은 본을 가진 사람과는 서로 결혼할 수 없었어요. 하지만 지금은 그렇지 않아요. 이처럼 법은 사회의 변화에 따라 바뀌어요. 우리가 더 안전하고 행복하게 살아갈 수 있도록요.

학교 규칙과 법은 어떻게 다른가요?

학교 규칙은 우리 학교 안에서만 지키는 약속이고, 법은 대한민국이라는 나라의 모든 사람이 지켜야 하는 더 크고 중요한 약속이에요. 예를 들어, 우리 학교에서는 복도에서 뛰지 않기로 약속할 수 있지만, 이 약속은 다른 학교에서는 적용되지 않을 수도 있어요. 하지만 법은 서울에서든 부산에서든, 어린아이부터 어른까지 모두가 지켜야 합니다. 법은 학교 규칙보다 더 강력한 힘을 가지고 있어서, 어기면 더 큰 책임을 져야 할 수도 있어요.

우리 집에도 규칙이 있는데, 그것도 법인가요?
아니요. 집 규칙은 가족들끼리만 지키는 약속이에요. 예를 들어, '밥 먹고 나면 자기 그릇은 싱크대에 넣기' 같은 규칙은 우리 가족에게만 해당하죠. 법은 나라의 모든 사람이 지키는 약속이라는 점에서 집 규칙과는 다릅니다. 하지만 집 규칙도 우리 가족이 서로 배려하고 평화롭게 지내기 위해 꼭 필요해요. 또한 작은 규칙을 잘 지키는 연습이 나중에 큰 법을 잘 지키는 데 도움이 될 수 있답니다.

규칙을 지키지 않으면 어떻게 되나요?
규칙을 지키지 않으면 그에 따른 책임이 따르게 돼요. 학교 규칙을 지키지 않으면 친구들에게 불편을 줄 수 있으므로 선생님께 혼나거나 반성하는 시간을 가질 수 있어요. 법을 지키지 않으면 경찰서나 법원에서 조사를 받고, 벌금을 내거나 더 큰 처벌을 받게 될 수도 있답니다. 규칙이나 법을 어기는 것은 다른 사람에게 피해를 주거나 사회의 질서를 어지럽히는 행동이기 때문에, 우리가 약속을 잘 지키는 것이 중요해요.

법에는 어떤 종류가 있나요?
법은 우리 생활의 다양한 부분을 다루며, 여러 종류가 있어요. 예를 들어, 자동차를 운전하거나 길을 건널 때 지켜야 하는 '도로교통법'이 있고, 물건을 사고팔 때 공정하게 거래하도록 돕는 법도 있어요. 또, 다른 사람에게 피해를 주거나 나쁜 행동을 했을 때 어떻게 책임을 져야 하는지 알려주는 법도 있답니다.

어린이를 위한 특별한 법도 있나요?
네, 물론이죠! 어린이가 건강하게 자라고 행복하게 살아갈 수 있도록 만든 '아동복지법' 같은 특별한 법들이 있어요. 아동복지법은 모든 어린이가 차별받지 않고 사랑과 보호를 받으며 자랄 권리가 있음을 명시하고, 어린이를 학대하거나 방치하는 행위를 금지해요. 또한, 어린이가 놀고 쉴 권리, 교육받을 권리 등을 보장하며, 어린이가 안전하고 건강하게 성장하도록 나라가 도와주어야 한다는 내용을 담고 있어요.

헌법은 무엇인가요?
헌법은 대한민국에서 가장 중요한 법이에요. 나라의 기본 원칙과 국민의 권리, 그리고 나라를 다스리는 방법 등이 담겨 있는 대장 법이라고 할 수 있지요. 헌법에는 '국민이 나라의 주인'이라는 민주주의의 가장 중요한 정신이 담겨 있어요. 다른 모든 법은 헌법에 어긋나지 않게 만들어져야 한답니다. 헌법은 우리 국민 한 사람 한 사람의 소중한 권리를 지켜주는 든든한 방패 역할을 해요.

국회의원들은 어떻게 법을 만드나요?

국회의원들은 먼저 국민의 불편한 점이나 필요한 부분을 찾아 법을 만들자고 제안해요. 이것을 '법률안'이라고 불러요. 법률안이 제출되면, 국회의원들은 회의를 열어 법률안의 내용을 자세히 살펴보고, 서로 찬성하거나 반대하는 의견을 내면서 토론해요. 여러 번의 논의 끝에 법률안이 통과되면, 대통령이 최종적으로 확인하고 세상에 알린 후에 법이 시행됩니다.

법이 만들어지면 바로 지켜야 하나요?

네, 법이 만들어지고 나서 대통령이 최종적으로 확인하고 '공포'라는 과정을 통해 세상에 알리면, 그때부터 모든 사람이 그 법을 지켜야 합니다. 법은 우리 사회의 질서와 안전을 위한 약속이기 때문에, 일단 효력이 발생하면 예외 없이 모든 국민이 따라야 해요. 물론, 법이 시행되기 전에 충분히 준비할 수 있도록 미리 알려 주는 기간을 두기도 한답니다.

민주주의는 무엇인가요?

민주주의는 '국민이 나라의 주인'이라는 생각으로, 국민이 직접 참여하거나 국민이 뽑은 대표를 통해 나라의 중요한 일을 결정하는 방식이에요. 우리 모두의 의견을 소중히 여기고, 모든 사람이 자유롭고 평등하게 살아갈 권리를 존중하는 것이 민주주의의 핵심입니다. 그래서 민주주의 사회에서는 국민 한 사람 한 사람의 목소리가 무척 중요해요.

민주주의와 법은 어떤 관계인가요?

민주주의는 국민이 주인이 되어 나라를 다스리는 방식이고, 법은 이러한 민주주의가 잘 지켜지고 모든 국민이 자유롭고 평등하게 살아갈 수 있도록 도와주는 중요한 도구예요. 민주주의 사회에서는 국민의 뜻에 따라 법이 만들어지고, 그 법은 다시 국민의 권리를 보호하는 역할을 한답니다. 법이 있기 때문에 민주주의가 질서 있게 운영될 수 있고, 국민의 자유와 권리도 든든하게 보호받을 수 있어요.

법을 공부하는 것이 왜 중요한가요?

법을 공부하는 것은 우리가 살고 있는 사회를 이해하고, 책임감 있는 민주 시민으로 성장하는 데 아주 중요해요. 법을 알면 내가 어떤 권리와 의무를 가지고 있는지, 사회가 어떻게 돌아가는지 알 수 있어요. 또, 법을 통해 우리는 다른 사람을 존중하고, 갈등을 평화롭게 해결하며, 더불어 살아가는 지혜를 배울 수 있어요. 법은 우리가 더 나은 세상을 만드는 데 필요한 지식과 용기를 준답니다.

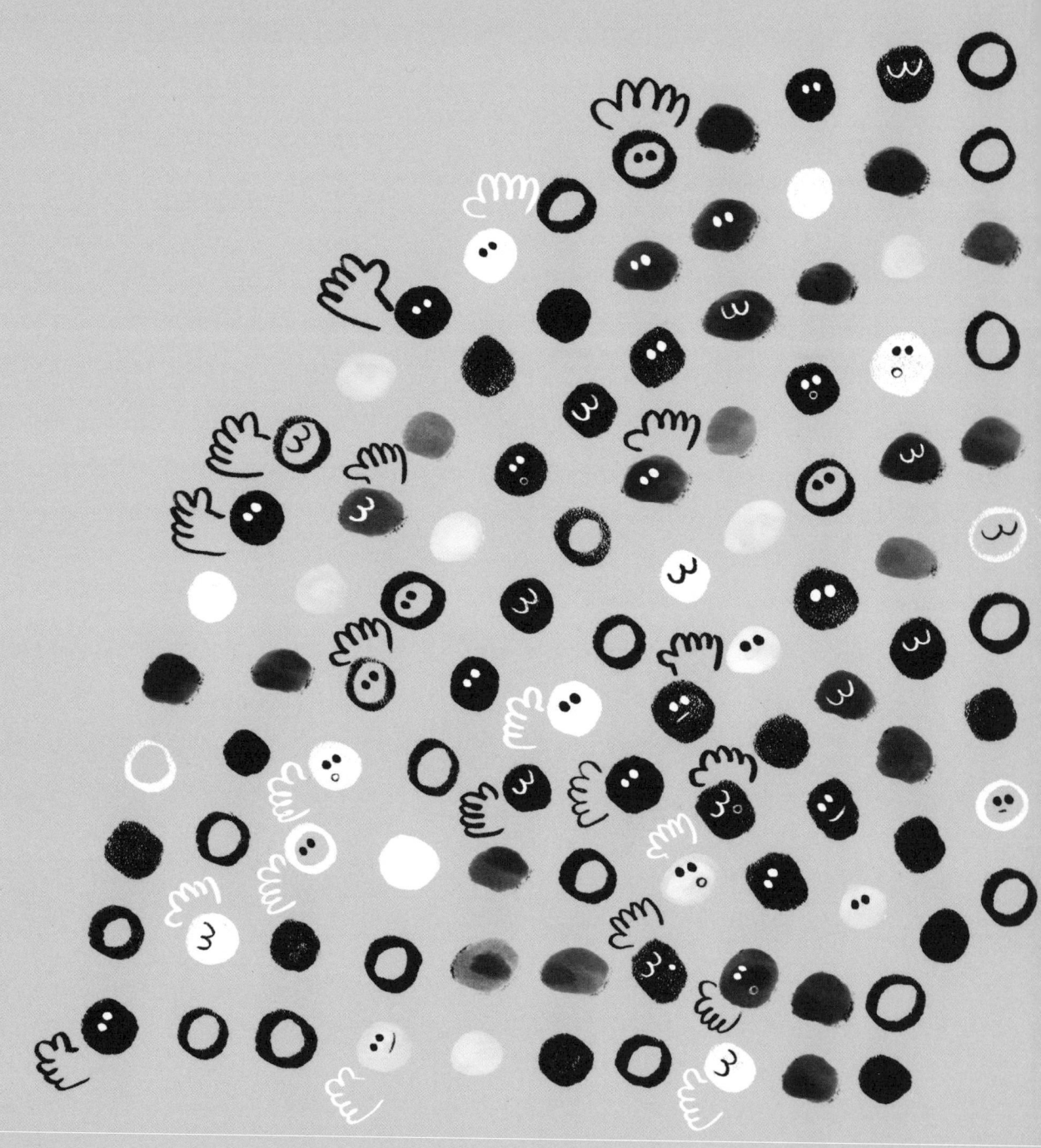